홀로 선 나무

10그램의 외로움을 팔아서
1그램의 사랑을 샀다
100그램의 그리움을 덤으로 받았다

홀로 선 나무

이복수 제3시집

문학신문 출판국

서시
나는 촌놈이다

도회지 그들과
비비적거리며 산 지
20년이 지났어도 여전히 나는 촌놈이다
그들을 흉내 낼 필요도 없지만
닮을 수도 없음을 처음부터 알았다
표현이 어눌하면 어떤가
조금 처지면 또 어떤가
부모님이 하셨던 것처럼
겸손하게, 한 발 물러서서 가도 충분하지 않은가
어쩌면 나는 그것을 나침반으로 여기며 사는지도 모른다

빗소리 창을 두드릴 때,
우연히 밤하늘을 쳐다볼 때
힘들어 눈물질 때에도,
혼자 기뻐 날뛴 다음에도
이성이 잡을 수 없는 속도로 먼저 달려가는 곳이 있다
아무나 만나도 추억이 깃들어 가슴 따뜻이 보듬어 줄 것 같은
유년의 명암으로 온통 도배된
내 마음이 쉴 수 있는 세상 유일한 그곳으로

커피도 못 마시고
우유도 소화시킬 수 없는 촌놈이지만
내가 나고 자란 곳
훗날 부모님 곁에 잠들 그곳 있음이
얼마나 감사한 일인가
그래서 나는 더욱 촌놈이고 싶다

차례

서시…4

제1부 아픔
아픔/ 실연…10
바람/ 동백꽃…11
아이는/ 생명…12
생각/ 달개비꽃…13
네 마음/ 벚꽃 피는 날…14
네가 있어/ 귀머거리 당신…15
봄/ 들꽃…16
흔적/ 꽃처럼…17
감/ 산…18
무서운 것은/ 하루…19
부화/ 그리움이란…20
만가은/ 풀…21
봄바람/ 그 사람…22
만소정…23
길…24

제2부 상동어른
상동어른…26
집에 가고 싶다…27
부부싸움…28
빈 고향…29
이사 가는 날에는…30
우외 것…32
투병일기…33
멍석…34
명절…35
집으로…36
안집 할매…37
풍국 점방…38

농악…40
새참…41
사는 게 다 바람이다…42
자라봉…43
옛길을 걷는다…44

제3부 도시사람들
도시사람들…46
넥타이…47
숲은 산을 가리네…48
꽃게에게…49
수족관의 물고기…50
대화…51
저울/ 잣대…52
도시의 비/ 도시풍경…53
도시이상향…54
우리의 꿈/ 부의금…55
끽다거(喫茶去)…56
고치는 일…57
세상에 주눅 들다…58
상처내기…59
풍선…60
가진 자의 도시…61
시장 사람들…62

제4부 이매탈
이매탈…64
여강…65
서암사…66
봉정사에서…67
사하촌 노래방…68
어라연(魚羅淵)…69
계림 유채꽃…70
설악으로…71

풍장…72
강세황의 산수도…73
아, 숭례문이여…74
인사동에서…75
종로3가…76
청계천은 없다…78
쌍계사 가는 길…79
천자산·1…80
천자산·2…81
다탁 하나를 얻었다…82

제5부 눈꽃

눈꽃…84
함박꽃…85
율화(栗花)…86
봉숭아…87
이별이란…88
홀로 선 나무·1…89
홀로 선 나무·2(봄)…90
홀로 선 나무·3…91
능소화…92
난을 바라보며…93
꽃은 지지 않는다…94
목련…95
바람과 꽃…96
가을바람…97
살사리꽃…98
앞산…99
상사화…100

제6부 자반고등어

자반고등어…102
삶…103
아이스크림…104

나를 보는 방법…105
나를 보라…106
이젠…107
계영배…108
자유로울 수 없다…109
만남…110
거울…111
공 내과…112
그 물에 돌을 던지며…113
목자여 어디를 가시는가…114
조롱박…116
봄날…117
바람·1…118
바람·2…119
보는 방법…120

제7부 인사
인사…122
슬픔 안에도 기쁨이…123
기억하며…124
숯…125
강물이라도…126
겨울아침…127
강둑에 서서…128
밤비…129
길에서…130
타오르는 것은…131
장마…132
보이는 것이 전부가 아닙니다…133
길을 걷는다…134
산다는 것은…135
남녀…136
시끄러운 건 언제나 가볍다…137
평설…138

제1부
아픔

아픔

10그램의 외로움을 팔아서
1그램의 사랑을 샀다
100그램의 그리움을 덤으로 받았다

실연

사랑을 건져내고
빈 냄비만 펄펄 끓이고 있다

바람

묶어놓은 바람이 도망가더니
몇 발자국 못 가서 그물에 걸렸네

그 안에서 너도 웃고 있구나

동백꽃

절집 뒤란으로 몰래 찾아들어
며칠째 산통(産痛)으로 몸부림치더니
지난밤 봄비에
붉은 꽃망울 무더기로 낳았구나

아이는

훅, 바람에 호롱불이 꺼졌다
어둠이 까맣게 눈을 찌른다
아이는 눈이 빠졌다고 울었다

생명

돌 틈 사이
좁쌀처럼 작은 꽃 피우더니
날릴 듯 말 듯
실낱 끝에 씨앗 맺었다

아 또 바람이 분다

생각

바람 불고 햇살 좋은 날
궂은 마음 널어 말리는 날

보송보송 그 사람 생각나네

달개비꽃

이른 아침 바람에 파란 입술은 슬프다
기다림에 아픈 듯 꽃잎에 눈물 가득하네

너의 기다림이 나와는 또 다르지만
파란 미소는 우리 서로 닮아있구나

네 마음

물방울이 떨어져 바위를 뚫는다네
내 눈물은 언제나 네 마음을 뚫을까

벚꽃 피는 날

우리 둘이
눈 맞추며 웃기도 어려운데
수만 송이
어쩌면 하나같이 함께 웃으실까

네가 있어

네가 있어 그리움이고
내가 있어 외로움이다

귀머거리 당신

수만 번 불러도
그는 돌아보지 않았다
....
내가 벙어리였구나

봄

시퍼런 칼날 위 찬바람 춤추는데
봄은 사뿐사뿐 귀신처럼 찾아오네

들꽃

씨앗이 바람에 날린다
저 작은 것들도
어미 아비 되었구나
조갈증이 도지는 노총각

흔적

눈을 쓸어도 쓸어도
남긴 발자국은 그대로 남아있네

꽃처럼

기다림에
홀로 견딜 수 없으면 화장을 하라
기다림에 지치면 손을 흔들어라

감

땡감이라 놀리면 웃지요
함부로 깨물어도 참지요
지워지지 않는 교훈
얼룩으로 남겨드린답니다

산

초저녁 연기에 싸여 흐르는
어둠과 밝음이 나누어 놓은
끝없이 이어지는 한 줄 곡선

무서운 것은

천둥 치고 번개 친다
무섭다
그러나
작은 꽃들은 웃고 있다

하루

한 마디 말 없어도 하루해는 떨어졌다
밤새 너를 지워도 하룻밤이 지나갔다
텅 빈 나의 하루와
나를 잊은 너의 하루가 그렇게 지나갔다

부화

더위에 지쳐 울고 불더니
기어이
가슴까지 텅 비우고 나서야
타는 가을 빨갛게 맞았네

그리움이란

다시는 뒤돌아보지 않기로 했다
주름진 세월 뒤 빛바랜 사진처럼
문득 떠오르는 얼굴
잊으려 두고 온 것이 그리움이었다

만가은

만가은 뜰로 한 발만 들어오시면
소근소근 웃음소리 들린답니다
정든 사람들은 차 향에 취해 웃고
꽃들은 달빛에 취해 웃는답니다

풀

못 떼어 안달인 놈
못 붙여 복달인 놈

저, 아가씨 풀 좀 주세요
풀은 왜요?
우리도 한번 붙여보려고

봄바람

꽃구경 간다고 뒷산 가고
바람 쐬러 간다고 뒤따라가네
오매 봄바람 땜시
뭔 일이 나도 크게 나겠네

그 사람

수만 번 파도가 밀려와도
마음에 새겨진
그 이름 하나 지울 수 없구나

만소정

만소정 이쁜 꽃들이 두 볼 붉어지고
소근소근 억지로 웃음 감추는데도
축 늘어진 조롱박 넌 모른단 말이지
왜 하필 꼭 두 갠가도 모를 일이고

길

끊어지지 않는 한 줄 실타래
가야금 농음처럼 흐르는 노래

제2부
상동어른

상동어른

아랫마실로 시집온 상동댁 울 엄니
웃마실로 장가든 상동어른 울 아부지
열다섯, 스물 하나 시집 장가드시고
장골이던 울 아부지 삼 년 간이나
일본 징용 끌려가셨다 오신 거 외에는
이 골짜기 벗어나 사신 적 없다시더니
회혼례 치르고 두 삼 년 지나
빈집만 남겨두고 뒷산 약밭 가셨네
뭘 두고 가셔서 그리 못 잊으시는지
해만 뜨면 종일토록 골짜기만 보실꼬

집에 가고 싶다

집에 가고 싶다
탱자나무 울타리 좁은 길 지나
돌다리 건너 나지막한 초가집에 가고 싶다
마음 둘 때 없이 허기진 날
터질 듯이 기뻐 울렁거리는 날
엄니 웃음 환하던 집으로 나는 가고 싶다
내 마음 마냥 누일 수 있는 곳
지금은 쓰러지고 없는
오직 그 집으로 돌아가고 싶다

부부싸움

열다섯에 시집와서
팔십이 눈앞인데
얼라 낳고 배곯으며 산 것도 부족하여
듣기 싫은 소리까지 들어야 하느냐고

그 말도 맞지마는……
팔십 넘은 이날까지
낭신 홀대한 적 한번 없었구마는
하고 싶은 말도 못 하고 살아야 하느냐고……

그 말도 맞긴 맞네

빈 고향

젊은이들은 도시로 가고
늙은이들은 산으로 갔다
지난 그리움들만
텅 빈 고향을 멍하니 지키고 있다

이사 가는 날에는

네가 어떻게 사는지 보고 싶다던
마지막 소원 같았던 그 말씀에
병 나으시면 모시고 갈게요 라고만

서울로 온 지 십 년이 훌쩍 지나도록
집 한 칸 없이 세 들어 사는 모양에
걱정만 드릴까싶어 드렸던 말인데

김매다 쓰러진 쇠비렁 끝 약밭에
홀연히 당신을 묻고 나서야 안 것은
그 가슴에 바람으로 날 묻었다는 것을

부엌 아궁이 바람 거꾸로 부는 날
불나방마냥 나풀거리는 그을음에도
무쇠 솥 걸린 부뚜막은 반짝거림으로

봉창 속 호롱불 그림자 일렁거리고
샛문으로 밥 내음이 막 새어 든 뒤에
밥상 받쳐 들고 건너시던 정지 문턱

할매와 아부지는 그날도 겸상으로
엄마와 우리는 둥근 밥상에 둘러앉아
웃음과 맛으로 버무린 그 가을밤

이제 내일이면
꿈에 그리던 새집으로 이사 가는 날
평생 구정물에 손 담그신 당신과 함께
보름보다 환하게 살 수만 있다면

우외(예외) 것

늘그막에 늦둥이 낳고
우외 것 불쌍하니 복이라도 있었으면
가진 것 없어 줄 것도 없지만
"마음 곱게 먹고 착하게 살아야 한다"
나는 주문처럼 들으며 자랐습니다

세상에서 가장 무서웠던
당신의 말없는 눈물을 수없이 보면서
늙은 가슴 다 파먹었지만
꾸지람조차 들어본 기억이 없습니다
그 주문처럼 산다는 것이
이리도 힘든 줄은 정말 몰랐습니다

투병일기

아픈 배 감싸 안고 우신다
비틀린 채 굳어버린 행주모양
꼬깃꼬깃 접혀 밤새워 우신다

이승과 저승의 칼날 위에서도
곤하게 잠든 자식 잠 깰까봐
수건 앙 물고 밤새워 우신다

멍석

곳간 모퉁이에 접혀있는 멍석
수년째 하릴없이 벽에 기대 잠잔다
옛날 울 아부지
대청에서 짚으로 몇 날 며칠을
얼마나 여물게도 짰는지
동생과 둘이선 들 수도 없었지
처마 끝에 초롱 내다 거는 날엔
온 가족 저녁상 둘러앉던 마당으로

갈 땡볕 한 마당 달궈놓은 날에
빨간 고추 익는 단내로 사각대던
한바탕 질펀한 춤에 들썩거리는
정월 대보름날 동네 윷판으로
두 삼 년 전 아부지 멀리 가실 적
마지막 이불로 덮어 주시더니
이젠 명절도 사람도 다 잊었구나

명절

한 해 꼭 두 번 열리는 대목장 같은
고향은 없고 도시들이 놀러오는 날
유물처럼 빛바랜 노인의 주름진 웃음
아이들 숙제를 위한 민속 체험 장
하루만 자면 떠날 차들 골목 메우다가
짐만 가득 기울도록 싣고 떠나간다
바람에 쓸린 허한 가슴 견디기 위해
설거지로 늙은 허리 휘어지는 그날

집으로

노을에 긴 그림자 안고 돌아가는 길
재촉하는 걸음만큼 늘어지는 밭둑길
붉은 화선지 위에 퍼져가는 어둠으로
후끈하던 하루해도 식어가는 이별에
기다린 듯 두 발을 부여잡는 달그림자
끌며 재촉하며 들어서는 동네어귀엔
집집마다 흔들리는 허기진 호롱불빛
지친 짐 벗어놓고 방에 들어서면
이리저리 등에 기대는 호롱불 그림자

안집 할매

한 점 혈육 품고 이십에 청상이 되어
나뭇짐 져가며 키운 아들 징용 보내고
한 톨 씨로 남은 손자, 때로 말썽부리면
"아이고 이놈아 이 흥할 놈아" 하셨다는……
손부 품에 백수하신 우리 안집 할매

풍국 점방

학교에서 두어 발자국 옆에는
간판도 없는 작은 점방이 하나 있었다
몇 발자국 위에 새 점방이 생기기 전엔
동네에서 유일한 점방이었다
우린 그곳을 풍국띠(댁)네라고 불렀다
작은 키에 유난히 뚱뚱한 몸매
거기다가 가는귀까지 먹은 풍국댁은
흰머리에 심술이 덕지덕지 붙어 있었다.
그에 비해 곱게 늙은 풍국 영감은
좀처럼 볼 수 없었고
기침소리로 방에 있음을 짐작하곤 했다
깨진 유리 미닫이를 드르륵 열면
틈이 벌어진 낮은 마룻바닥엔
먼지들과 과자들이 함께 널려 있었다
눈이 닿는 그러나 손 닿지 않는 그곳
작은 유리궤짝 안엔 벗겨질 듯이
종이에 비틀어 돌돌 말려진 비가들이
소복이 쌓여 쫀득거리기 시작했다
눈깔사탕들은 먼저 침 지르르 흘리며
구르는 눈알을 정통으로 명중시켰다
기침 가리다, 머리 쓸어 올리던
반들거리는 까만 손으로 내게 건네준

까칠까칠하게 설탕 발린 눈깔사탕
세상에서 제일 행복한 순간이었다
해진 소매 끝에 붙은 설탕 알갱이에도
한참을 눈 떼지 못하고 머뭇거렸던
내 마음에 가장 커다란 슈퍼마켓은
풍국 점방이라 부르던 그곳이었다

농악

농악이 도시를 울린다
돈 따라 도시로 온 풍물
농부는 없고 가락만 혼자 흥겹다
농악이 농악을 울린다

새참

돈 많은 도시가 시골로 돈 벌러 왔다
밭 매는 늙은이 새참은 자장면이 배달된다

알곡은 도회지로 가고 지심은 밭으로 왔다
떠나지 못한 늙은이들 뒷산이 기다리고 있다

사는 게 다 바람이다

왔다가 무심히 가는 머무르지 않는 것이 바람이다
가는 듯 마냥 머무르는 너의 이름 같은 것이 바람이다
밤새워 부르는 이름에 가슴 타 들어가는 그 절절함도
손에 쥐어 든 바람일 뿐이다
봄은 꽃잎을 날리고 가을은 기다림마저 날려버린다
못 잊는다 울고 불던 사랑도 내일의 기억너머 사라지는
왔다가 사라지는 바람일 뿐이다

자라봉

눈만 뜨면 날 보는 앞산마루에 새끼줄 칭칭 감은 당나무 할배
아침햇살 맞으며 웃고 계신다
수없이 오르던 바위길 위에서 예전처럼 흰 수염만 날리시네
아사천 맑은 늪에 길게 엎드려 머리 든 작은 봉우리 자라봉
일본 놈들 마을 정기 자른다고 자라목에 쇠못을 박았다던가
광대패 몰아다가 혼을 빼놓고 몰래 말 무덤을 만들었다던가
수십 년 전 어린 시절 끝에는 저수지로 막아 늪마저 사라졌다
이래저래 힘든 허리 굽으신 자라봉에 걸터앉은 당나무 할배
객지에서 늙어온 날 기억이나 하시는지

전기도 스피커도 없던 시절, 목청 좋은 이장어른 자라봉에서
"아침 잡숫고 좌봉들 보 나오소……"
아직도 귀에 쟁쟁 들리는구나

옛길을 걷는다

싸리광주리에 점심 이고 뒷 재를 오르는 어머니의 쉰 숨소리 들으며
소 앞세워 지게지고 넘어가던 길
멀리 점점이 놓인 아사천 돌다리 건너 과수원 옆길 굽어진 등교 길엔
배추꽃들이 노랗게 키를 넘고 있다
수양버들 가지에 가려 빼꼼이 들여다보이는 커다랗던 학교 운동장
종소리에 흩어졌다 모이던 아이들은 어디 가고 잡초만이 무성하다
정오를 알리는 완행버스는 제트기 구름만큼이나 하얀 먼지 일으키며
달려가던 신작로가 길게 그려져 있다
호박줄기 뜯어 물레방아 돌리며 도라지꽃 팡팡 터뜨리던 밭둑길 지나
부드러운 수염 터져 나오는 보리 패는 소리 사방으로 듣는다
청석 바위길 휘감고 오를 때 속세를 모르는 속새꽃들은 바람만 안고
세월없이 세월만 보내고 있다
발바닥 미끄러운 흙길을 지나 후손 없어 묵어가는 무덤도 지나고
아이만 잡아가 묻은 애장이 있는 등골 오싹한 버드나무골을 지나면
썩바위 마지막 비탈길엔 빨간 산앵두가 시디시게 바라보고 있다
예닐곱은 올라 구르던 아름드리 향나무는 도시 어느 놈이 베어간 후
휑하니 빈자리는 하늘로도 채울 수 없구나
아부지 괭이소리 대신 괭한 침묵만이 골짜기 가득한 논으로 가는 길
이기시아 잎은 눈을 막고 칡넝쿨은 발을 가로막는다
예전에 주인 잃은 골짝 밭은 오가는 이 없어 잡초만이 무성하고
빙 둘러앉아 참 먹던 소나무 그늘은 좁기만 하다
숨을 줄도 모르는 겁 잃은 가재들만이 시린 개울을 독차지하고 있네

제3부
도시사람들

도시사람들

강 건너 꿈을 좇아
마른 강에 배만 띄워 놓는다

넥타이

조르는 줄 모르게
졸리는 줄도 모르게 조여 주는 것
화려하고도 지속적인 구속으로
눈치 챌 수 없는 올가미
목줄은 개만 하는 것이 아니다

숲은 산을 가리네

산중 가득한 숲은 언제쯤에나 벗을까
품은 그리움은 어디쯤에나 벗어놓을까
산중엔 또 산이 있고
마음 안엔 또 마음이 있는 것을

꽃게에게

똑바로 걸어라
남들처럼 반듯하게 걸어라

집게발을 높게 세우고
앞을 향해 거침없이 나가라

누가 뭐래도 넌

똑바로 당당하게 걷고 있음을
옆에서 보는 이는 알 리 없다

수족관의 물고기

또 한 마리 뜰채에 걸려
퍼덕거리며 조리대로 간다
그 마지막 몸부림에도
여느 놈들은 여전히
아무 일도 없는 것처럼
좁은 수족관을 어슬렁거린다
침묵한 백열전등 아래
초조하게 입맛 다시는 이와
분명 두 눈이 마주쳤는데
놈은
눈도 깜짝하지 않는다

한치 앞을 모르는 건
너나 나나 매한가지다

대화

귀머거리는 말만 하고
벙어리는 듣기만 하네
누구 속이 더 답답할까 내기라도 하듯
다 들은 척
다 말한 듯
도시 사람들은
이를 대화라고 말한다

저울

내 사랑이 네 사랑보다
더 무겁다고
사랑도 무게로 저울질한다
그것도 이기적인 눈 저울로

잣대

내 사랑은 진실이라고
네 아픔은 가식이라고

다른 잣대로 말하는 건
무게를 속여 파는 것과 다르지 않다

도시의 비

비를 맞고 걷는 사람
우산을 쓰고 가는 사람
두 사람
나란히 걸어가고 있다

도시풍경

아무도 인사하지 않는다
시선은 예의인 양 피한다
우연이라도 눈이 마주칠까
모두 땅만 보고 걷는다

도시이상향

대낮에 촛불을 켜고
우중(雨中) 밭에 물을 준다

여기 도시가 꿈꾸는 곳
새 이상향이 여기에 있다

우리의 꿈

강물이 얕아 띄우지 못한 배
간밤 물난리에 떠내려가네

부의금

존경하던 분이 돌아가셨다
부의금은 얼마를 해야 하나
나란 인간 이럴 수는 없다

喫茶去

차 한잔 하시게
갓 달여 향기 아직 그윽한
차 한잔 하시게
煩惱도 菩提도 벗어 두고
無我無心으로 차 한잔 하시게
古佛이 권하지 않더라도
차나 한잔 하시게

고치는 일

하시는 말씀 듣느라고 말도 못하고
하고픈 말 고치느라 또 말 못했네
이랬다저랬다
나뭇잎도 바람에 정신없이 고치는 중
어떤 여편네 고쳐대는 팔자마냥
고치는 게 일이고 바꾸는 게 사랑이네

세상에 주눅 들다

그의 눈빛이 더욱 번쩍인다
성공투자로 한 옥타브 높은 목소리
아랫배만큼이나 자신감이 두둑하다
세상이 하찮아 보이는 걸음으로
사람들이 갖잖아 보이는 미소들로
……
오늘 난,
돈에도 성공에도 주눅이 든다

상처내기

잘난 사람아 이제 그만 좀 하시게
겨우 남은 그 알량한 자존심까지
모질게 꼬집어야 속 시원하신가
상처 건드리면 안 아픈 이 없듯
자존심 건드려 마음 좋을 순 없지
네가 싫은 것 다른 이도 싫고
네가 좋은 것 다른 이도 좋다네
사람 욕심 다 그렇고 그렇듯이
사람마음 다 거기서 거기 아닌가
아닌 듯 은근히 맘 아프게 해봐야
자네나 나나
여기 다음엔 거기 밖에 더 있는가

풍선

부풀어 오른다
쉼 없이 마셔도 참을 수 없는 갈증
걸러지지 않는 욕망으로 배는 채워진다
이글거리는 두 눈이 벌겋게 충혈 되도록
핏대를 세우며 욕망을 늘리고 있다

더 부풀어 오른다
초조하게 바라보는 아이의 눈빛에도
불룩한 아랫배는 연거푸 힘을 불어 넣는다
몸 사려 눈조차 뜰 수 없어도
누런 미소를 지으며 마냥 불고 있다

터질 듯 부풀어 오른다
가난한 자들의 눈물로 만든
눈물보다 더 반짝이는 저 눈빛 위로
채워지지 않는 아귀의 배처럼
앞이 보이지 않아도 불고 또 불고 있다

아, 터져야 하는 터지지 않는 것들

가진 자의 도시

도시엔 사람이 없다
순한 마음 가득 품은 사람은 없다
도시의 검은 불빛
신호등은 작동을 멈추고
손가락은 거짓을 가리킨다
도시엔 사람이 없고 집만 가득 찼다

도시엔 집이 없다
가난한 이들 더불어 사는 집은 없다
헐리고 쫓겨난 자리
가진 자들이 도시를 가득 채웠다
도시엔 집은 없고
가진 자들의 화려한 욕망만 남았다

시장 사람들

양 손 힘겹게 들고 가는 이
한 짐 버겁게 지고 가는 이
놓지 못하는 짐 하나 힘겹게 지고 가는 사람들이다
덜 아문 상처 하나쯤은 없는 듯이
잊지 못할 그리움 하나도 없는 듯 사는 사람들이다

행복했던 기억 하나쯤 안고 사는 사람들이기에
우리는 꿈 한가득 이룬 듯 품고 사는 사람들이다

제4부
이매탈

이매탈

이매탈이 웃었다
초승달마냥 눈꼬리 처지도록
턱 빠진 입꼬리 추켜올리며
두리 함지박만하게 웃었다

이매탈이 웃는다
웃고 있는 날 보고 웃는다
눈 뒤에 숨어있는 위선을 본 듯
破顔苦笑 헛웃음을 웃는다

여강

여강에 빈 배 하나
물결에 졸고 있다

빈 하늘 구름 한 점
마음 안에 머무르네

절집 풍경소리
빈 맘으로 들어온다

선암사

단풍이 내려와 절을 태운다
애가 탄 수도승들
목탁소리 요란한데
늙은 비구승 낙엽만 태우신다

단풍 따라 왔던 가을
사하촌으로 한 발 성큼 내려가고
붉은 얼굴로 상기된 나그네
돌계단 따라 한 발 절을 오른다

봉정사에서

해거름에 홀로 산사에 들어, 일주문 돌아들다 발길 머문다
한 발 들어서면 피안이요 반 발 물러서면 차안이로구나

어둠은 짙어지고 걸음 서둘러, 천왕문 지나니 불이문 반기네
문안엔 또 문이 있고 마음 안엔 또 마음 들었네

희미한 요사채 불빛 건너, 법당 안엔 불경소리 가득한데
안에선 안인 줄 모르는지 밖에선 밖인 줄 모르는구나

바람은 잎사귀 가리지 않으며 어둠은 안팎을 나누지 않는데
절간에서 극락만 기웃거리니 "어디서 오셨는감" 말 묻는다

구부정한 지팡이 더듬거리시는 숨가쁜 노파 걸음 따라
불빛 반짝이는 사하촌으로, 마음에서 눈으로 돌아 나선다

사하촌(寺下村) 노래방

염불소리 지겨워
부처님 잠시 마실 중이시구나

魚羅淵

아우라지 떠난 뱃사공의 아라리가
물 따라 숲山玉이 함께 떠내려갔네
된꼬까리 여울물은 예전처럼 사나운데
갈대소리에 아라리가 들리는 듯하다

해 저무는 어라연에 소낙비 내리니
비단 같은 물고기 떼 하늘로 나는 듯
삼선암에 올라선 발 없는 늙은 석송
뼝창 아래 물빛만 세월없이 내려 보네

발 디딜 곳조차 없는 홀로 선 나무여
너나 나나, 예나 지금이나
세상 비집고 겨우 발붙이고 사는 이
누가 외롭고 버겁지 않는 삶 있겠는가

주) 전산옥: 예전 동강변의 객주집 여주인
    된꼬까리: 물살이 세찬 여울
    뼝창: 강변의 절벽

계림 유채꽃

금성에 반달 내려와 하늘 열린 그날처럼
하늘의 반은 은빛으로 내리어 휘감기고
흰 닭의 큰 울음소리에 한 아이 태어나니
계림의 반은 금빛으로 이 땅을 열었구나

흰 눈이 내리듯 벚꽃은 반월을 둘렀는데
허기진 유채화는 어지러이 계림을 감쌌네
지는 꽃, 지는 봄날 하도 아쉬워했더니만
흰머리 흐드러진 날에 호접몽을 꾸나니

설악으로

오시라
새벽녘까지 울다 그친 아이의 눈물 같은 이슬로
나뭇잎 사이로 내리는 아침 첫 빛 내림으로 오시라
늦잠 자는 어린 새들의 날갯죽지 비비는 바람에도
소스라치듯 깨어나는 작은 풀잎 맞으며 오시라
쓰러진 천 년의 고목 그루터기에 새로이 돋는
또 다른 천 년을 꿈꾸는 푸른 나무에게로 오시라
천둥 같은 비바람에도 쉬이 깨지지 않는
억겁의 세월 앞에서도 거만하지 않는 바위로 오시라
물방울은 물길이 되어 길게 돌아 골짜기를 이루고
폭포로 내리쳐 바위를 뚫는 큰 힘이 되어 오시라
그 아픔에 움푹 파인 어머니 가슴속으로 오시라
내 아픈 짐들은 저만치 바위 아래 내려놓고
다시 지고 갈 내일을 가득 채울 배낭으로 오시라
토해내는 내 거친 숨소리 들으며 한 발 내디딜 때
시퍼렇게 살아 꿈틀거리는 젊은 맥박으로 오시라
욕심 없이 오시라, 겸허함으로 경외함으로 오시라

風葬(풍장)

다시 바람으로 돌아가는데 그리 오랜 시간이 걸리지 않았다
긴 노동의 끝에서 오는 휴식보다 짧은 시간이 흐른 뒤에
몇 점 미소와 몇 점 눈물도 다시 바람으로 흩어지고 있었다
열어보면 남은 것도 없지만 가진 것 모두 고스란히 풀어두고,
선뜻 일어서서 오던 것처럼 뒤로 물러나야 할 시간이었다
풀 향기가 그윽한 그 언덕 위에 내일의 아침이 없는 사람들
나른한 잠자리에 들어 쉬고 있는 서늘한 곳이었다
목덜미 감던 향긋한 바람이 갈비뼈 사이를 서늘하게 훑어도
그를 사랑했던 남은 사람들의 다정한 목소리를 들을 것이다
뒤돌아볼 겨를도 없이 겹겹이 입은 옷 하나씩 벗어던지고
그들은 돌아오지 않는 먼 여행을 떠나고 있었다
낮은 자장가 소리에 아이는 쥐고 있던 풍선을 놓아 주었다
구름이 밀려드는 검은 하늘, 집으로 돌아가는 굽은 길에는
파리한 찔레꽃이 현기증을 일으킨다

강세황의 산수도

산수유꽃은 이른 봄을 이끌고
녹은 강물은 草家 앞을 흐르네
무심한 강물만 보는 이 누구신가
꽃은 뒤에서 기다리듯 웃는데

山中 홀로 무슨 꿈을 꾸시는가
仙境 아니면 이미 神仙인 것을
뒤돌아 世上 한번 내다보세요
武陵 가는 길 묻는 이 있으니

아, 숭례문이여

민족의 자존심이 무너져 내렸다
시뻘건 불꽃에 휩싸인 마지막 얼굴
한줌 재로 시커멓게 내려앉았다
선조들이 지켜온 강토를 짓밟고
백성들의 흰옷을 붉게 물들이며
심장 깊숙이 왜놈의 칼이 들어와
조선의 안채마저 불타오를 때에도
울분을 삼키며 견뎌온 자존심이
안일한 후손의 눈앞에서 쓰러졌다
못난 후손의 이기적인 이름 아래
개발논리 뒤로 밀려난 유물로
이 시대 독거노인처럼 방치했기에
무너진 義를 세우기도 전에
온전하던 禮마저 허물어져 내린다
아, 숭례문이여
역사의 숨소리를 잊은 백성이여

義: 돈의문
禮: 숭례문

인사동에서

가을 속 겨울인지 바람 스산히 불어오는 날
기와 서로 맞닿은 인사동 좁은 골목 안에도
하얀 불빛과 입김들이 조급히 밤을 재촉하고
낮에 못다 한 걸음들이 부산하게 서두릅니다
찻집을 바라보며 쪼그려 앉은 국화 한 송이는
표정 없는 사람들의 발자국 소리를 곁눈질로
애써 피하느라 파리한 웃음을 내뱉습니다
단풍의 붉은 가슴보다 맑은 여운이 전해지는
한 방울 묻어온 국화향기가 바람에 흩어지자
몇 남은 나뭇잎이 드디어 와르르 소리칩니다
고 화랑 늙은 안주인은 정갈히 쪽진 머리에
감빛이 감도는 전등 불빛을 받으며
초점을 잃은 눈으로 창밖의 낙엽을 좇습니다
그녀의 따스한 한잔 커피는 창밖의 찬바람이
서둘러 마시고 미지근함이 졸고 있습니다
딸랑하고, 맑은 소리를 내며 화랑 문이 열리자
계절들이 마주보며 빙 둘러서 문 쪽을 향합니다
사람들도 일제히 잊었던 기억들을 하나씩 꺼내
시간의 퍼즐들을 조심스레 맞춰나가며
간간히 짓는 미소로 침묵을 깨고 있습니다
인사동엔 과거들이 옹기종기 펼쳐 있고
사람들은 추억을 하나씩 들고 종종 떠납니다

종로3가

주말의 휘청거리는 밤은 어지럽다
붉은 불빛에 회색그림자 싣고 흔들리는
포장마차는 종로3가를 질주하고 있다
젖은 땀 냄새
찌들어가는 담배연기의 몽롱한 하늘거림
해방된 욕망들은 거리를 배회하기 시작한다
기댈 곳을 찾는 사람들
그러나 쉬이 어깨를 내주는 사람은 없다
갈 곳조차 없는 이방인의 힘겨움은
낙엽처럼 세상 밖으로 떠내려가고 있다
초라하게 흔들리는 외로움의 눈빛들
깊숙한 골방 안으로 서로를 들여다본다
외롭지만 숨쉬고 있음으로
아픔의 깊이를 가늠하듯 서로 보듬으며
미소와 웃음으로 서로에게 취해간다
흥얼거리며 부르는 술 취한 노래에도
온전히 떼어낼 수 없는
숨겨지지 않는 그림자는 여전히 외롭다
아픈 상처 한두 개쯤은 이제
몸의 일부로 여기며 살아가고 있음에도
생채기는 아직도 두렵기만 하다
채울 수 없는 허기

없는 듯 잊고 살기에는 피가 너무 뜨겁다
만남과 헤어짐
그리고 또 다른 사랑
오늘도 서로 기댈 수 있는 어깨를 찾아
위로 받고 싶은 영혼들 늦도록 휘청거린다

청계천은 없다

솟는 물이 다 샘이 아니듯
흐르는 물이라고 川은 아니다
본래 가진 마음 그대로가
眞心이고 眞如이듯
본래 흐름으로 흐르게 할 때
復原이고 川이라고 할 수 있다
펌프질로 퍼 올린 물길을
감히 누가 川이라고 하는가
자연을 닮아 조화로울 때
우린 자연스럽다고 한다.
화려함으로 겉치레한 사치는
古拙함에 미치지 못하는 것
콘크리트 퍼부어 덧칠하여
역겹게 화장한 청계수조는
머잖아 본래의 이름처럼
淸溪川으로 돌아와야 한다

쌍계사 가는 길

숨 막히는 사월의 따스한 봄볕 따라
남도의 어지럼증은 또 말없이 도지고 있다
섬진강 옥색 강물로 휘도는 바람
널어놓은 옥양목 흔들림처럼 흐르는 섬진강 모래톱은
굽이치는 골짜기에 눈이 부시도록 나부낀다
오를 대로 물오른 파란 생명의 기운으로
익을 대로 농익은 봄은 이미 절정으로 치닫고 있다
들리지도 않는 저 무서운 폭발음
모래보다 많은 저 꽃들 환희의 소리 듣는다
사하촌 지나 가람으로 몇 발자국 들어서자
하늘엔 온통 터져 내리는 튀밥으로 덮이고 있다
천 년의 세월 동안 공들인 염원이
한순간 깨달음처럼 눈도 마음도 열리고 있음이다
꽃을 보고 있음은 나도 꽃이 되고
봄과 함께 하고 있음은 내가 곧 봄이 된 듯
극락을 기웃거리는 사람들아,
이들처럼 한바탕 벌어지게 웃을 수 있다면
부처는 이미 네 안에 있음이라

천자산·1

곤이 헤엄치던 북명의 바다
붕이 날아간 남명의 흔적이 여기에 있다
조균은 밤낮을 모르고
매미는 봄가을을 모르듯이
참새가 어찌 대붕의 뜻을 알겠는가
아, 참새같이 날지도 못함이여

천자산·2

천자산 선바위 송곳 같다 하여도
어찌 마음까지 찌를 수 있겠는가
설악 단풍 타는 듯 붉다 하여도
어찌 가슴까지 물들이겠는가
혹여 천자산에 설악단풍 물든다면
어디 눈뜨고 한번 뛰어내려 봄직도

다탁 하나를 얻었다

다리 뒤틀려 절고 있는
소나무 원목, 다탁(茶卓) 하나 얻었다
가슴 한쪽 패이고, 갈라지고
군데군데 검붉게 멍이 든 자국
한 세기 남짓 주름살 같은 흔적들
남이야 알든 모르든, 상처 하나쯤
가슴에 품고 사는 게 다반사라지만
몇 번이나 견디었나, 훈장처럼
옹이마다 눈이 되어 깊게 쳐다본다
아, 보았다
아프고 슬픈 시절을 견딘 세월들이
야물게 아물어 더욱 아름답다는 것을
들어내기보다 보듬기 위해
대패질에 동백기름 곱게 닦으리라
그리고 남은 세월을 함께 견디리라

제5부
눈꽃

눈꽃

꽃 없는 날들이 하도 견딜 수 없어
가지마다 하얀 꽃망울 튀밥처럼 튀어낸다

언 가슴 더는 바라볼 수 없어
온 세상 가득 사랑으로 하얗게 덮어 놓았네

함박꽃

돌담 밑을 환하게
작약꽃 한 송이
속니 다 보이도록 해맑은 함박웃음

벌어진 입술 끝에
립스틱 빨간 자국
아, 그럴 리가, 설마 그럴 리가

끓어오르는 젊디젊은
오월의 푸른 태양
누구의 입맞춤인지 알 것도 같구나

栗花

달빛아래 白尾狐 흔드는 꼬리
栗花가 유월을 눈(雪)으로 덮었네
陽香이 어떠하다 말하지 않고
아낙들 서둘러 집으로 돌아가는데
사내는 향기 없다 말하지 마소
香中 으뜸은 栗花의 香이라네

봉숭아

인적조차도 없는 한여름 방낮에
땀에 흠뻑 젖은 여름해가
소름 돋은 우물가를 기웃거린다
물에서 놀던 벌거숭이들처럼
파란 입술로 빨간 해를 물었다

밤새워 꿈꾸다
아침에 눈뜨면
몽글몽글 빨간 피 한입 토해낸다

이별이란

바람에 꽃잎 떨어져도
슬프지 않는 날
노래처럼 꽃잎들이 날립니다
길모퉁이에 수북이 뒹굴다
빗물에 쓸려 내려가도
그냥 미소로 바라보겠습니다
슬프지 않는 이별
당신을 잊어서가 아닙니다
가슴에 재우고 삭혀
잘 익은 사랑으로
당신을 기다리려 함입니다

홀로 선 나무·1

홀로 선 나무여
외로워하지 마라
홀로 서지 않는 나무 어디 있던가
홀로 선 나무여
바라보는 이가 없어서 외로운 건 아니다
등에 기대어도 가슴은 늘 외로움이고
보고 있어도 늘 그리움이다
홀로 선 나무여
그리워하지 마라
내가 있어 늘 외로움이고
네가 있어 그리움인 것을

홀로 선 나무·2(봄)

내가 보고 싶어 무심히 오는 이여
뒷산 능선을 따라오다 또 한 구비 돌아
어깨 서느런 음침한 한기를 떨치고 오오
갓 돋은 버들강아지의 작은 입으로
솔잎에 맺힌 이슬의 슬픈 눈으로 오오

좁다란 비탈길 따라 늙은 청석의 등을 밟고
주인 없는 무덤을 한발 돌아서 오오
보랏빛 어린 할미꽃의 굽은 허리로
이팝꽃 조밥꽃 봉긋하게 넘치는 향기로 오오

개나리 넝쿨로 이어진 밭둑길로 접어들어
난들거리는 푸른 보리밭 눈에 담으며 오오
꽃다지꽃 냉이꽃 소박한 미소로
청보리 수염처럼 철 이른 거만함으로 오오

노란 배추꽃 위에 춤추는 노랑나비들
아지랑이처럼 배고픈 어지러움으로 오오
돌다리를 비켜 흐르는 맑은 마음으로
두려움도 모르는 송사리의 뜬눈으로 오오
내가 보고 싶어 사월에 오시는 이여

홀로 선 나무·3

곰말 다리 건너 꿈꾸는 마을, 달 떠오르는 곳으로 너에게 간다
비 그친 초겨울의 스산한 밤길 눈 아래 검푸른 물이 어지럽던
그 옛날 쇠다리의 출렁거림으로 너에게 간다
지난 칠월의 어느 날처럼 가파른 숨가쁨으로 힘겹게 추락하듯
뚝 떨어지던 상실의 길을 올라 너에게 간다

억새꽃 흐드러진 그 길 언저리에 끓는 한숨 하얗게 게워놓고
마디마디 허기져 꺾어지는 가슴 전부 비우고도 견디지 못해
사각사각 제 살마저 베어 먹는 몹쓸 그리움아
살려고 이렇게 난 너에게로 간다

함부로 빚은 옹기입술처럼 둥그스름하게 이어지는 길에서
성을 감싼 해자를 내려다보며 너에게 간다
화롯불 속에 익어가는 불씨의 붉은 눈빛으로
벼루에 고인 어둠에 가로등 불빛이 내려 스멀스멀 파고든다

너에게 가는 길 끝에는 쓸쓸함으로 기다리는 높이 솟은 솟대
줄지어 늘어선 밭고랑의 열병을 받으며 홀로 서있는 허수아비
그의 외로움은 여전히 그 자리에서 기다리는 일
내가 너에게 가는 길은
내가 나에게 가는 그 길이었다

능소화

그 사람 반기실런가
발간 미소로 능소화 피었다
첫 입맞춤이었나
뒤뜰 담장 아래 돌아앉았네
바라볼 수 있을런가
또 한 뼘 까치발로 기어오르며
혹여 무심히 지나칠라
귀는 담장 밖에 내다 걸었네
행여 잊지는 않으시겠죠
젖은 향기 밤새 흩날리는데

난을 바라보며

바라보는 사람도
들어주는 사람도 없는 하루
타들어가는 정오의 절정은
유리창 깨기에 딱 알맞다
차에 치인 고양이의 비명에도
모른 체 숨소리 죽인 고요함과
더위에 늘어지는 시간들
벙어리 초침은 안간힘을 다해
지루한 오후를 겨우 끌고 간다
아무도 떠오르는 이 없는
무료함의 하얀 빛들
망각의 영역으로 기어들어간다
존재하지 않는 것은
시간마저 의미 없는 흐름
그 짧은 망각의 순간
반짝
다탁 위 소심이 눈을 돌렸다

꽃은 지지 않는다

꽃은 지지 않는다
모진 비바람이 불어
가지 휘어지다 부러져도
꽃은 지지 않는다
눈발이 하늘 가득 메워도
그 고운
꽃은 아직 지지 않는다
웃음 흐드러지다
눈물이 쏟아지는 날에도
꽃 너는 지지 않는다
뚝
내 눈물 떨어지고 있다

목련

골방 문틈으로 삐죽이
떨리는 손 내밀어도
고요한 봄볕에 눈뜨지 못하고
고개 돌리며 웃어도
핏기 없는 창백한 그 미소는
차라리 울음보다 더 아프다
너무나 고운 탓에
너무나 맑은 탓에
만나면 이별이 먼저 떠오르고
마지막 인사처럼
바람에 기댄 채 흔들리는
작은 손짓은
뒤꼭지를 때리는 아련함이다

바람과 꽃

솜털 보송 두 볼 간질이며
달콤한 입김으로 얼마나 속삭였는지
사월의 꿈은 순결의 미소로 눈뜬다

지난밤 밤새 빗소리 요란하더니
아침 눈망울에 떨어지는 눈물은
목련의 목덜미를 타고 흘러내린다

봄은 벌써 이만치 찾아왔는데
찬바람은 위통도 걸치지 않은 채
등 뒤에서 시퍼렇게 서성이는구나

가을바람

바람 불어 단풍 든다고 서둘러 설악에 들었는데
단풍 이미 낙엽 되어 흩어지는 바람만 분분하네
비 오듯 떨어지는 단풍이 어찌 곱지 않겠냐마는
선뜻 미소 먼저 지을 수 없는 것은
웃는 듯 우는 듯 이슬 맺힌 눈매가 너무 아프네
바람아, 아무래도 서둘러 가을비를 불러야겠구나

살사리꽃

여름내 달구던 뜨거운 열꽃에
손바닥자국으로 빨갛게 데었구나
가누기도 힘든 가는 목으로
가물도록 깊은 하늘 곁눈질로
발갛게 기다리듯 웃고만 있는지
온몸 취기 오른 고추잠자리
꽃잎에 앉을까 허우적거리면
시샘하듯 바람마저 흔들어 놓는다
물빛처럼 맑은 눈빛 가진 이여
다가와 눈 한번 맞춰주고 가시게
벌어지게 웃는 가을 한마당
가득 넘치도록 담아 가시기를

앞산

눈맞아 도망친 년
잊을 만하면
곱게 화장하고 다시 돌아와
수줍은 첫 만남인 양 웃음 짓는다

어느 놈 또 꼬드길까
새초롬 눈 내리깔고
조금 조금 잰 걸음에
치마 끈 날리며 앞산을 오른다

분탕질한 분내
동네 소문 자자하더니
순진한 놈들 너도나도
속내 보이도록 벌어지게 웃는다

상사화

만나지 못해 죽은 이가
꽃이 되었나
죽지 못해 살다가 죽어
꽃이 되었나

꽃으로 떠났는데도
찾아오는 기다림은 또
어찌하나
상사화여 상사화여

제6부
자반고등어

자반고등어

둘이 하나 되고 싶다
배알 다 비우고
두 손을 한 손으로 모으고 싶다
품은 것 모두 놓고
두 팔 가득 벌려
꼭 보듬어 안은 채로
약속으로 절인
푸른 바다를 그리며
그날들로 돌아가고 싶다
한 바다에 살다
한 그물에 걸린 인연
남긴 후회 하나 없이
둘이 한 손 되어 돌아가고 싶다

삶

누가 내게 그럽디다
무슨 재미로 사냐고
그냥 웃기도 뭐해서
무슨 **재미로** 사냐고

아이스크림(초코민트)

차갑게 눈 흘기고 매몰차게 돌아서는
한땐 죽고 못 살던 다정했던 사람아

휑하니 떠난 그 자리 미련처럼 흘려놓은
한 방울 페퍼민트 향
넌 아직 내 곁에 머무르고 있었구나

나를 보는 방법

내 두 눈으로는 세상을 볼 수 없습니다
내 눈에서 가장 가까운
나의 뒷모습조차 볼 수 없기 때문입니다
나를 온전히 보기 위해서는
내가 너를 보듯
너의 시선으로 나를 바라봐야 할 것입니다
한 발 물러서면
온전한 나의 모습을 볼 수 있을 것입니다
한 발 한 발 물러설수록
작아지는 나만큼
점점 커지는 세상을 보게 될 것입니다
자연 속에 묻혀가는 나의 작은 존재로
어쩌면 가도 간 줄조차 모르는
그 작은 모습이 진정 내 모습일 것입니다

나를 보라

내 발에 밟힌 작은 풀들의 아픔으로
나를 보라
내가 아프게 했던 어머니의 가슴으로
나를 보라
무심코 흘려버린 나의 비웃음으로
고상함으로 지치게 한 내 유치함으로
올려다만 보는 헐벗은 내 영혼으로
나를 보라
미워하는 사람을 보는 내 눈빛으로
그렇게 나를 보라

이젠

이젠 어지러워 책을 멀찍이 본다
작은 것에 얽매이지 말라 함인지
예전처럼 술잔을 채우지 못하네
욕심 없이 겸손하란 가르침인지

이젠 먹어도 자주 체하는 이유는
분수에 감사하며 살라는 뜻이고
작은 소리마저 잘 들리지 않으면
이젠 마음의 소리 들어라 함인지

계영배

술잔을 들어 눈썹에 맞추어도
차지 않으면 마시지 않는다

넘침은 부족함만 같지 못함을
눈으로 보기 전엔 모르느니

자유로울 수 없다

자유로울 수 없다
너로부터 자유로울 수 없다
아주 짧은 순간
입꼬리를 스치는 미소로부터
이유도 모르게 떨어지는
한 방울의 눈물로부터
서릿발처럼 차갑게 돌아서도
잊을 수 없는 그리움으로부터
너에 대한 증오로부터
사랑으로부터
나는 자유로울 수 없다

만남

만남은 아름답습니다
나와 같지만, 나와 다른 사람들
새로운 이야기의 설렘이 있어
만남 자체로도 충분히 아름답습니다
미소로 다가오는 친근함
낯선 눈빛, 경계의 몸짓까지도
우리 인연의 시작이기 때문입니다
무심히 흘리는 손짓과 표정에도
솔직함에도, 하물며 거만함에도
나와 다른 향이 있기 때문입니다
만남은 아름답습니다
그 사람의 눈 안에서
그 사람의 입 안에서 또 다른
나를 다시 볼 수 있기 때문입니다

거울

돌아서다 그와 눈이 마주쳤다
한발 다가서니 낯선 그가 다가온다
침묵에 익숙한 어색한 표정
씽긋, 의미 없는 짧은 미소 짓는다
주름진 시간들이 접혀있는 얼굴엔
겨울나무 한 그루 바람을 맞고 있다
한풀 꺾인 무성했던 지난여름
남은 허세의 흔적과 기죽은 눈매엔
지친 고단함이 묻어나고 있다
말하지 않아도 조금 알 것 같지만
그는 결코 먼저 말하지는 않는다
먼저 등을 보이고 싶지는 않았는지
내 앞에서 그냥 말없이 사라진다
그는 결코 먼저 웃어주는 법이 없다

공 내과

우리 동네 공 내과에는
인사성 바른 공 원장을 만나러 오는
어르신 환자들이 많다
세 발로 다가가서 물으신다
위 내시경 검진은 얼마여유?
수면내시경은 아프지 않나유?
내일 그날이어도 아픈 건 누구나 두렵다

그 물에 돌을 던지며

물에 돌 하나 던져 귀 기울인다
울림이 깊이를 가늠하듯
깊고 낮은 범종의 울림을 듣는다
뛰는 가슴박동은 숨길 수 없다
아무렇지도 않은 듯 바라봐도
떨림은 물결로 마음에 전해온다

물에 돌 하나 던져 귀 기울인다
소리에 묻혀 말 없어도 너울은
미소 뒤에 숨어 흐르는 눈물이다
침묵의 기도는 귀 닫아도 들린다

목자여 어디를 가시는가
- 김수환 추기경의 선종을 애도하며

소리 없이 별 하나 떨어진다
빈 깡통 하나 내 가슴으로 들어온다
채워지지 않은 텅 빈 그곳으로
낙엽을 날리던 늦가을 바람이
서늘하게 훑고 지나가는 소리 듣는다
마음 지키던 울타리는 무너지고
쓰러지면 일어나 잡을 수 있는
버팀목 하나마저도 바람에 날아간다
늙고 가난한 목자여
우리를 두고 어디를 가시는가
명동성당 첨탑에 걸린 달마저 두고
거친 당신의 손으로 어루만져야 할
헐벗은 자들, 버려진 자들과
철없어 몽매한 자들 세상 가득한데
마음 밝은 목자여 어디를 가시는가

목자여
삶의 방향이라 여기던 당신의 손짓
종소리처럼 울림을 주시던 목소리
마음의 거울로 여기던 눈빛은
다시 볼 수 없지만
지워지지 않는 주님의 말씀처럼
영원히 우리 가슴속에 남을 것입니다
이제 힘겹고 무거운 짐 벗어놓으시고
노을을 향한 하늘로 돌아가시는 길
주님이 환하게 인도할 것입니다
멀고도 긴 인연 중에
함께 한 시대를 숨 쉰 것만으로도
우린 행복했습니다 거룩한 목자여

조롱박

만소정 조롱박이 하도 늘어져
말없는 바람이 먼저 건드렸나
하루하루 몰라보게 굵어지누나
정원의 꽃들이여 흉보지 말게나
가을엔 술 한가득 채워줄 테니

봄날

웃어도 소리 없이
어찌 그리도 너와 같은지
손 가리고 배시시
눈웃음만으로도
봄은 성큼
가슴 한복판에 와 닿았습니다

만나러 가는 길이
하도 더디어
조급한 마음에 눈감으면
가슴 따스한
봄볕에, 꾸벅
힘없는 졸음만 떨구어집니다

바람 · 1
– 만가은 춤판을 보며

대숲소리 가늘게 흔들리는 저녁
홀로 젓대 부는 이는
달빛의 흔들림에도 가슴 떨려오기 때문인가
흔들리는 그 아픔에 못 이겨
지치도록 춤추는 이는
꽃잎이 바람에 흔들리는 이유를 절로 안다
머무르고 싶어도 머무를 수 없는
한순간 바람 같은 인연이기에
같이 울고 웃어도 가슴은 아린 것이다

바람·2
- 만가은 뒤뜰에서

가을 비 걷으며 불어오는 바람이
긴 소매 옷 싫어할 리야 없겠지만
그 숨소리 같은 간지러움에
소매 단만 한 겹 한 겹 걷어 올리오
부는 바람이야 그냥도 가겠지만
그 속삭이는 대숲소리는
슬픈 손길 하나 어깨에 또 걸리오
바람도 바람 때문에 불지는 않느니

보는 방법

쪼그려 앉아 꽃을 본다
행여 부끄럽지 않게
눈 감은 듯 여린 시선으로
귀 높이를 맞추며 말하듯
해맑게 웃어주는 일

고개를 숙인 듯, 든 듯
무슨 말인가 할 듯, 말 듯
눈높이를 맞추며
말갛게 마냥 웃어 주는 일
꽃이 보는 방법이구나

제7부
인사

인사

인사로 인격을 가늠하던 때는 지났다
최소한의 양심이 허락하는 선까지 웃으면서
사랑과 존경 없이도 우리는 인사를 한다
결례가 아니라고 느껴질 만큼의 고개를 숙이며
인사를 받을 기회를 주지 않고 시선을 돌릴 때도 있다

인사가 사랑을 의미하지는 않는다
직위와 권위의 자격으로
예의를 강조하는 사람들도 있기 때문에
인사를 근사하게 하더라도 싫은 사람과
그냥 지나쳐도 존경하는 사람이 있음을 마음은 안다

슬픔 안에도 기쁨이

살덩이 하나 버리려 바다에 간다
살기 위해 흘리던 눈물 따위 모두 벗어 긴 수평선에 걸쳐두고
거침없이 몰려 왔다가 흔적 없이 사라지는 파도에 걸터앉아
마지막 이별의 노래 부른다
돌아가라 밀물은 밀어내지만 돌아가지 못해 우는 죽은 것들과
살지 못해 죽으려는 것들이 서로 부딪쳐 부서지며 운다
벌거벗은 마음 안에 마지막 노을이 붉게 차오른다
길게 뻗어가는 검은 그림자 하나 어둠 속으로 빨려 들어가고
그토록 원하던 침묵이 내게로 온다

돌아갈 곳 없는 검은 바다엔 하나 둘 별들이 바다에 떨어진다
슬픔 안에도 기쁨이
허허한 바다, 죽음 뒤에도 삶이 있다

기억하며
- 이철배 회장을 기억하며

잊을 수 없는 사람의 향기
세월이 지나가도 퇴색되지 않는다
단 한 번의 짧은 인사에
영원히 잊을 수 없는 기억으로 새겨졌다
발뒤꿈치만이라도 닮고 싶어
먼발치에서 바라만 보던
봄볕 같은 따스한 그 미소가 그립다
산을 감싸는 더덕향기도
가슴에 배어든 사람의 향기보다
그윽하지는 않으리라
꽃들이 흐드러진 봄날
꽃보다 아름다운 사람의 향기 따라
늦은 봄 속으로 나는 걸어간다

숯

굴곡의 삶을 지난 검게 탄 얼굴
잘난 놈들 손가락질 따위에도
웃는 입속은 더없이 맑기만 하다

어제 오늘도 아닌 우리 삶은
생다지 굽고 태우는 일
소화되지 않는 고된 멍울만 남기고 있다

짓눌러 재워둔 타다만 열정마저
오롯이 너 하나 위함이라고
가진 전부를 내주는 삶이 여기에 있다

한줌 푸른 혼으로만 남아
하늘로 흩어져 날릴 때까지
남김도 없이 스스로 불사르는 당신
검정 묻은 얼굴이면 어떤가
웃음으로라도 크게 웃어주자

강물이라도

가물도록 푸른 그 깊은 심중
거슬러 부는 바람에
비늘처럼 일어나 반짝이더니
풍덩, 내가 던진 작은 돌에
나무 그림자 아흔아홉 마디 꺾어놓는다

기다림에 몸져 본 강이라면
물에 빠진 한나절의 길이를 알까
타는 하늘, 타는 마음
피라미 한 마리 뛰어 오르니
노을이 아니라도 온통 멍든 빛이구나

겨울 아침

잠결에 몰래 들어온 햇살
따스한 늦잠 속으로 파고든다
방바닥에 훤히 배 깔고 눕더니
이불 걷듯 일어나 슬금슬금
베란다 너머로 훌쩍 건너간다
얼른 내다보니 창틀에 매달린
말없는 마지막 이별의 눈빛
눈이 아리게 몇 번 반짝이다
20층 아래 바닥으로 떨어졌다
겨울 아침, 짧지만 환한 얼굴
아, 좋은 것은 언제나 아쉽다

강둑에 서서

해질녘 어두운 강물에 젖은 그림자들 내게 들어왔다
숱한 너울을 벗겨도 순순히 잠들지 않는 것이 있다
그물 채 주르륵 쏟아 부은 별들 은어들처럼 파닥거리는데
속살 깊이 파고든 티눈들이 아리게 돋아나고 있었다

나의 강물에 들어온 사람이여 널 들여다 볼 때마다
헛디딘 듯 가슴에 떨어지는 울렁거림에 절로 소스라친다
묻어 두고 말 못 함이 여간 가슴 아픈 게 아니지만
못내 못 본 척 그냥 돌아서면 내 안에 든 널 난들 어쩌랴

밤비

불면은 캄캄한 거실을 허우적거린다
진작 굳어버린 시간과 함께
전자레인지에서 이제 녹아내리고 있다
씁쓸하게 반기는 애써 감춘 공간들
그들마저 서서히 녹슬기 시작했다
질식할 것 같은 침묵에 창을 열었다
밤바람은 목을 타고 가슴 이리저리
느물거리며 음침하게 기어 내려갔다
외로움을 부르는 도시의 등대들
기름처럼 번지는 네온의 붉은 불빛과
불 꺼져 음산한 맞은편 아파트엔
충혈 된 몇 개의 불빛만 숨쉬고 있다
끌리듯 다가오는 낮은 음의 구두소리
누구인지 본능은 단번에 알고 있다
이제, 창을 닫고 문을 열어야겠다.

길에서

별은 숲 속 마을로 내려앉고
바람은 깊은 우물 속으로 빠져들었다
지나온 허름한 길 위에서
마지막 불꽃으로 가슴 태우고 있다
돌아볼 것도 없는 질주 속으로
시간은 이미 제 속도를 잊고
사람들과 저만치 앞서 달려가고 있다
주름으로 파고드는 지난 시간들
그 가려움에 견디지 못하도록
가시처럼 하나씩 돋아나고 있다
오월에 내린 비는 마음에 스미고
산을 적시고 강을 지나 바다로 번진다
가는 길이 왔던 그 길과 다를지라도
나는 다시 그 길을 걸어가리라

타오르는 것은

태울 수 있으면 붉은 꽃으로 태우자
다시 태어나지 않더라도
한 방울의 연기도 없이 뜨겁게 태우자
남은 기억까지도 남김없이 불사르고
처음 올 때처럼
마지막 하나까지 다 태우고 사라지자
장작이든 사랑이든 타고 사라질 거라면
우리 사는 동안에
미련 없이 흔적 없이 다 주고 사라지자
한줌의 재가 바람에 날린다
연기처럼 사라져간다
산으로 바다로
왔던 것도 모르게 흔적 없이 흩어지자
오늘 아침에도 길가엔
봄 꽃 한 송이 빨갛게 피어나지 않는가

장마

말없이 성질만 내다가 징징대는 것이
어쩌면 그리도 너와 같은지
제 성질에 못 이겨 저 만치 가는 듯 다시 돌아와
애꿎은 창문만 흔들어 놓는지

소근소근 불러주면 창이라도 열어 볼 일을
막무가내 기세로 문고리 먼저 잠그게 하는지
제 풀에 지쳐 돌아갈 거면
미안하다 말이라도 한번 뱉고 떠나시든지

보이는 것이 전부가 아닙니다

보이는 것이 세상 전부가 아닙니다
보이지 않는 가치에 대해서 우리
관심을 둘 여유가 없는 듯 살아갑니다
파란 하늘 뒤에도
어두운 하늘이 기다리고 있습니다
행복하고 건강한 웃음 뒤에도
아프고 힘든 눈물이 또한 있습니다
우리 인생은
하찮은 일로 시간을 허비한 다음
삶이 얼마나 하찮은지를 알게 됩니다
하찮은 일과 소중한 일조차
우리는 바로 보기 어렵습니다
마음 없이는 두 눈으로도
보이는 세상을 다 볼 수는 없습니다
보이지 않는 등 뒤를 보기 전엔
보이는 것이 세상의 전부가 아닙니다

길을 걷는다

발가락 사이 간지럽게 꿈꾸는 날
언 땅 녹아내리는 산길을 나선다
젖은 나뭇가지 자근자근 움트는 사월
오래 전에 떠난 사람 기다리듯
바람은 재워두고 몰래 나온 봄볕
우연히 스친 옛날 엄니 고소한 냄새
고향의 햇빛을 닮은, 봄 길을 걷는다

몇 사람 오가는 어깨 좁은 길에
마주 오는 이를 위해 길을 비켰다
스치며 지나가는 낯선 얼굴
환하게 미소 지으며 지나간다
서로의 길이 다를지라도
언젠가 또 웃으며 만날 날 있기를
길을 비키며 그 길에 인사한다

산다는 것은

산다는 것은 너무 쓸쓸한 일인 것 같아
죽음만큼이나 허무한 일인지도 모르지
돌아 갈 수 없는 지나온 길을 돌아보면
꼽을 수 있는 외롭지 않는 몇 날 말고는
누구를 그리워하고 누구를 미워하면서
많은 날들을 후회로만 채워 갔었지
남은 날들 또한 그 날들처럼 또 그렇게
거울처럼 선명하게 비춰주고 있음에
산다는 것은 너무 쓸쓸한 일인 것 같아
죽음만큼이나 허무한 일인지도 모르지

남녀

답답함에 남자는 운다
쓸쓸해서 우는 여자는 알 리 없다
쓸쓸함에 우는 여자
답답해서 우는 남자는 절대 모른다

시끄러운 건 언제나 가볍다

얕게 흐르는 개울에 돌을 던진다
물이 부서지고 돌이 뼈에 부딪힌다
가물도록 푸른 강물에 돌을 던져 가슴 울리는 종소리 듣는다

작은 바람에도 부산한 잎사귀들 세상 부스러질 듯 아우성이다
거친 비바람에도 흔들림 없는 크고 곧은 나무의 침묵을 듣는다

시끄러운 건 언제나 가볍다
입보다 귀를 먼저 열어라
세찬 눈바람 몰아치는 날, 시끄럽던 나뭇잎 하나씩 떨구리라

시집 평설

향토 풍속 정서에서
선비 기질의 해학 풍자까지

- 이복수 제3시집 『홀로 선 나무』 살펴보기

申世薰 (전 한국문인협회 이사장)

1.

이복수 시인이 제3시집 『홀로 선 나무』를 펴낸다. 제1시집 『내 사랑 나의 어머니』(2005. 天雨)에 이어 제2시집 『꽃 밟고 나비 부르다』(2007. 월간문학 출판부)가 나왔다. 이제 5년 만에 이 제3시집을 상재하는 셈이다.

첫 시집 때 김종상은 「원류에 대한 간절한 동경의 세계」(시집 '축사·1')에서 이렇게 말했다. "……고향과 어머니를 그리는 정이 강렬해서 단번에 마음이 끌렸다. 고향을 생각하는 마음은 가장 원초적인 그리움이다."라고. ― 이러한 그리움은 『홀로 선 나무』에게까지 옮겨와 피고 있다.

「시인이 부르는 사모곡」(시집 '축사2')에서 金天雨는 김종상보다 한 수 더 떠서 또한 이런 말을 했다. "이복수 시인의 시편들을 접하고……메아리처럼 귓전을 맴도는 두견의 울음소리가 밤새도록 푸른 밤을 진동시켰다.……/ 온통 그리움의 바다 속에서 살아가는 시인을 위하여 중년의 버팀목이 되어주는 어머니의 노래는 사랑의 이정표가 된다.……/ 제목(시집) 역시 「내 사랑 나의 어머니」로 바람이 불고 눈이 내리고 다시 폭풍이 몰아쳐도 생경하게 떠오르는 연모의 정은 시인으로 하여금 기억의 저편을 떠올리게 하는 것이다./ 바람조각 하나까지 세세하게 그려내는 이복수 시인의 그리움 저편에는 마치 시인의 어머니가 꽃동산에서 시인을 기다릴 것 같은 착각을 일으키게 한다./ 그의 작품 세계에는 온통 하얀 배꽃 같은 그리움이 자리하고 있다.……/ 『내 사랑 나의 어머니』는 외롭고 쓸쓸하고 고독한 사람들에게 단비가 될 것이다.(이상 첫 시집 『내 사랑 나의 어머니』에서)" 고향과 어머니에 대한 그리움의 시 맛은 이번 제3시집에서도 흥건하게 고여 있다.

제2시집 해설로 이만재는 「애잔한 사모곡」, 그 원형적 심상에서 '……전작에 걸쳐 남달리 모성에 대한 그리움이 점철되어 있다.'고 단언한다. 이어 '……참으로 인간적이다.……어두운 무채색이다.……/ 전원적 향수에로 복귀……모성에 대한 강한 그리움이 전편에 드러나 있고, 자연과 더불어 인간을 사랑하는 따뜻한 피가 맑게 흐른다.……/ 기성 시인들의 낡고 기교나 공식처럼 된 시창작법에서 전혀 묶이지 않고, 때가 묻지 않아서 오히려 순수하고 신선하다.……시어의 톤도 기복이 심하지 않은 차분한 목소리로 안개처럼 독자의 가슴을 적시는 듯 낯설지 않아 친근감마저 감돈다.'는 결론을 얻어내고 있다(제2시집 『꽃밟고 나비 부르다』에서). ─그리고 보면 제2시집 역시 제1시집과 별반 빛깔 차이가 없다는 분위기 예기로 흐른다. 그러나 이만재는 순수한 시인의 시정신을 높이 사고 있다. 어머니에 대한 사랑, 자연에 대한 사랑, 고향 산천에 대한 사랑의 시인임을 위의 세 사람은 똑같이 서로 짠 듯 입을 모아 결론지어 긍정하고 있다.

2.
제3시집 『홀로 선 나무』는 이쁜 시집이다. 제1시집 『내 사랑 나의 어머니』도 이쁜 시집이긴 하지만 제2시집 『꽃 밟고 나비 부르다』보단 못하고, 제2시집이 제1시집보다 다들 암만 이쁘다고는 해도, 이번에 나오는 제3시집 『홀로 선 나무』보다는 못하다. 차례차례 한꺼번에 읽어보니, 거짓 없이 딱 그렇다. 참으로 시인에게는 좋은 현상이다. 갈수록 시가 좋아졌으니, 시인에게는 이보다 더 좋은 현상(영광)이 어디 있으랴.

시인은 시집 '서시'에서 「나는 촌놈이다」라고 했다. 얼마나 순진무구한가. 이만하면 어린이처럼 믿어도 좋은 한국의 촌놈 시인이다. '표현이 어눌하면 어떤가/ 조금 처지면 또 어떤가/ 부모님이 하셨던 것처럼/ 겸손하게, 한 발 물러서서 가도 충분하지 않은가'('서시' 첫 연에서)……이쯤 되면 야박한 이 땅 풍토에서는 정말 믿어도 좋을 시인이 아니고, 그럼 어떤 시인이란 말인가. '……내가 나고 자란 곳/ 부모님 곁에 잠들 그곳 있음이/ 얼마나 감사한 일인가/ 그래서 나는 더욱 촌놈이고 싶다'('서시' 끝 연 끝부분). ― 이 시인은 고향이 있어 착하고, 고향 선산 '부모님 곁에' 묻힐 곳 있어 삶이 든든한 시인이다. 그야말로 '애너벨리'를 쓴 외국 시인처럼 멀리 떨어져 사는 무공해 시인이다.

제1부 '아픔'에는 시 「아픔」과 「실연」이 있고, 「바람」이 있고, 「동백꽃」이 있고, 「아이는」, 「달개비꽃」, ……「길」이 눈앞에 놓여 있다. 짧은 시 「아픔」과 「실연」을 진단해보자 참 시의 맛이 새롭다.

> 10그램의 외로움을 팔아서
> 1그램의 사랑을 샀다.
> 100그램의 그리움을 덤으로 받았다
> ― 시 「아픔」 全文

사랑을 건져내고
　　빈 냄비만 펄펄 끓이고 있다
　　　　　　　　　　－ 시 「실연」 全文

　시 「아픔」이나 「실연」이나 모두 이 시인의 짤막한 전다지다. 둘 다 아픔이거나 슬픔이지만, 참으로 신선하다. '아픔'도 그냥 아픔이 아니라, 누구 본보고 아픈 것이 아니라, 그냥 순수 참신한 아픔시이다. 단 석 줄에 아무도 닮지 않은 아픔시 아기 한 사람 낳았다. 그것도 '10그램의 외로움을 팔아서/ 1그램의 사랑을 샀다' 그래서 '덤으로' '100그램의 그리움을……받았다' ― 이만하면 신선한 '아픔'이고도 남을 시다. 어떤가. 순수한 '아픔' 앞에서는 할 말이 없다. 아픔시가 새롭다는 것밖엔.
　'실연'도 단 두 줄 시다. 해학적이고도 풍자적인 짧은 토막시다. '사랑을 건져내고'나니, '빈 냄비만 펄펄' 끓고 있는 것 ― 이것이 지금 '나'이다. '우리' 현실이다. 누가 이처럼 짧은 시에 오늘날 '실연'을 담아내어 감동시킬 수 있겠는가. 시 「바람」 역시 손마디시로 경쾌하다.

　　묶어놓은 바람이 도망가더니
　　몇 발자국 못 가서 그물에 걸렸네

　　그 안에서 너도 웃고 있구나
　　　　　　　　　　－ 시 「바람」 全文

　풍자 미학이 간결미를 훌쩍 뛰어넘는다. 뛰어넘고도 해학성이 넘쳐흘러 풍성하다. 도망간 바람이 멀리 못 간 채 그만 그물망에 걸린 것도 그러려니와 걸린 놈 또한 그물 안에 그냥 걸린 채 꼼짝없이 웃고 있는 것 또한 바로 '너'이기도 하니까 어찌 우습지 않겠는가. 시 「동백꽃」은 웃는 빛깔이 좀 어떨까.

절집 뒤란으로 몰래 찾아들어
며칠째 산통으로 몸부림치더니
지난밤 봄비에
붉은 꽃망울 무더기로 낳았구나
― 시 「동백꽃」 全文

왜 하필 요염한 그녀는 '절집 뒤란'을 찾았을까. 임신을 한 채 '몰래 찾아'든 그녀가 의심스럽다. '대웅전' 뒤란일까. 석가모니불을 모신 절집 뒤란을 찾았다면 그 저의는 무엇일까. 해산의 미학인가. 며칠씩 산통을 겪는 그 고통의 미학 맛을 보여주기 위함일까. 단순한 분만의 아픔을 절집에서 부려놓기 위해서만은 아닐 것이다. 그건 '지난밤 봄비에'서 매듭이 풀릴 것 같다. 봄비가 내려 해갈을 할 수 있고, '붉은 꽃망울' 아기를 '무더기로 낳'아서 해탈할 수가 있었다. 이렇듯 '동백꽃'아가씨를 소재로 불러오더라도 금녀의 절집 안 뒤란에서 붉은 몸을 풀게 해서 해학 풍자 미학을 더욱 돋보이게 하려는 뜻이 숨어있었던 것 같다. 그녀 또한 요염한 동백이었으니까 말이다.

훅, 바람에 호롱불이 꺼졌다
어둠이 까맣게 눈을 찌른다
아이는 눈이 빠졌다고 울었다
― 시 「아이는」 全文

시조 형식 같으면서도 아닌 자유 3행시다. 첨부터 시조는 아예 염두에 두고 쓴 시는 아닌 것 같다. 하지만 시조 형태 미학을 은연중에 빼닮고 있다. 이 반시조 「아이는」은 위의 예시들 같이 빛깔을 함께하고 있다. 웃음이 절로 터져 나올 듯한 3행시다. 호롱불이 꺼진 방 어둠은 '까맣게 눈을 찌른다'는 정도의 것까지는 감각적으로 받아들일 수가 있다. 그 다음이 문제다. '아이는 눈이 빠졌다고 울었다'는 것이 깜찍하지 않은가. 진짜로 새빨간 거짓말이지만, 진실한 시다. 해학 풍자시로는 진실하지 않으면 못 배긴다. 웃음이 절로 터져 나오는 구절이 3행 '눈이 빠졌다고' 우는 장면이다. 그것도 깜찍한 '아이가' 말이다. 이 장면의 새빨간 거짓말이 새파란 진짜시가 되게 한다. 상상의 얼개 속에서 해학과 풍자시는 더욱 기승을 부릴 수가 있으니까 그렇다.

시 「봄바람」도 보통은 아니다. '꽃구경 간다고 뒷산가고/ 바람 쐬러 간다고 뒤따라가네/ 오매 봄바람 땜시/ 뭔 일이 나도 크게 나것네' — 흡사 6.25때 비명횡사한 염광 시인 생각이 난다. 그의 강진 방언 입김이 서린 '오매 단풍 들것네' 같은 '오매 봄바람'이 아닌가 싶기도 하다. 이처럼 이 시인 또한 말솜씨하고는 해학 풍자 詩文法답다. 영랑의 낭랑한 4행시 같은 이 시인의 시가 또 있다. 시 「만소정」이다. '만소정 이쁜 꽃들이 두 볼 붉어지고/ 소근소근 억지로 웃음 감추는데도/ 축 늘어진 조롱박 넌 모른단 말이지/ 왜 하필 꼭 두 갠가도 모를 일이고'란 4행 운문시다. 영랑은 호남 강진 말, 이복수는 영남 조문국 의성말로 시 날을 빚었다. 하지만 4행시의 우리말 어법은 어찌 그리 둘 다 口文法조차 같은가. 이는 선배의 길을 후배가 따른다고 해야 옳을 것이나, 시 「길」을 보면 4행 아닌 2행으로서도 선배의 길을 따르지 않고 홀로 잘 내노라 하며 걸어가고 있다.

끊어지지 않는 한 줄 실타래
가야금 농음처럼 흐르는 노래
  － 시 「길」 全文

……이다. 두 줄 시로도 영랑을 불러내 맞대결 할 수가 있다. 영랑은 네 줄 가야금을 켜고 이복수는 두 줄 가야금을 켤 수가 있다. 시에 있어 현을 꼭 다 갖추고 있어야 가야금 소리를 내는 것은 아니다. 제3시집에 와서 이 시인은 이만큼 발전했다. 그로 봐서는 큰 수확일 수밖에 없다.

3

제2부 '상동어른'을 살펴보자. 시 「상동어른」이 있다. 「집에 가고 싶다」, 「부부싸움」, 「빈 고향」도 나오고, 「안집 할매」도 등장한다. 고향 앞산 「자라봉」도 솟아있고, 「옛길을 걷는다」도 선뵌다. 자연 산수의 고향 풍속들이다.

제3부 '도시사람들' 대목에는 시 「도시사람들」('강 건너 꿈을 좇아/ 마른 강에 배만 띄워놓는다' － 全文)이, 「넥타이」를 시처럼 다섯 줄로 매고 나오고, 「숲은 산을 가리네」에서는 넉 줄로 마음 숲을 가리고 나온다. 「시장 사람들」도 분주하게 일곱 줄로 걸어 나와 '우리는 꿈 한가득 이룬 듯 품고 사는 사람들'(2연 끝 행)로 바삐도 살아간다.

제4부 '이매탈'엔 「이매탈」이 있어 해학이 더욱 펄펄 살아있고, 「여강」이 있어 '절집 풍경소리/ 빈 맘으로 들어온다'(3연)는 넉넉함도 점잖게 부릴 수 있다.

붉은 얼굴로 상기된 나그네
돌계단 따라 한 발 절을 오른다

– 시 「선암사」 끝 연 끝2행

 '단풍 따라 왔던 가을'(2연 첫 행)을 잘 그려 내주는 그림이 여기서 생생하게 그려진다. 회화적인 심상은 흡사 외국 명시인 「농부」와 같은 달 떠오르는 얼굴의 발상이지만, 그래도 우리 모습으로 토속화되어 있다. '단풍이 내려와 절을 태우듯'(첫 연 첫 행에서) 어우러져 풍속화가 되어 있다.
 시 「계림 유채꽃」은 신비에 싸여있던 알 신화를 풀어낸 꽃시다. 「강세황의 산수도」는 '산수유꽃은 이른 봄을 이끌고/ 녹은 강물은 草家 앞을 흐른다'(첫 연 첫 2행에서)는 산수 풍속그림을 그려 보인다. 산수 풍속 자연교감을 전통 한시풍으로 펼쳐 보여준다. 「쌍계사 가는 길」도 한국적인 서정시를 찾아가는 길을 단시로 써서 가리켜 준다. '섬진강 옥색 강물로 휘도는 바람'(첫 3행)을 펼쳐주고, '하늘엔 온통 터져 내리는 튀밥으로 덮이고 있'(11행)는 봄꽃폭탄 폭발음을 회오리바람처럼 펼쳐준다. 「천자산·1, ·2」 연작 두 편도 6행 단시지만 선적 해학·풍자 깊이에까지 파고 들어가 있다.
 제5부 '눈꽃'에는 꽃을 소재로 한 시가 의도적으로 많다. 꽃이라도 조선의 꽃이 그렇게 많다. '눈꽃' '함박꽃' '밤꽃'('栗花') '봉숭아' '능소화' '난……' '목련' '살사리꽃' '상사화'……들이 줄서 있다. 달리아, 글라디올러스라든가 튤립……같은 서양의 꽃은 아예 한 송이도 등장하지 않는다. 시인은 순수한 우리나라 꽃들을 불러내 그리며 바라보거나 '지지 않는다'(시 「꽃은 지지 않는다」 첫 행에서)고 하면서 '꽃 없는 날들이 하도 견딜 수 없어'(시 「눈꽃」 첫 행) '언 가슴 더는 바라볼 수 없어'(시 「눈꽃」 2연 1행). '돌담 밑을 환하게/ ……속니 다 보이도록 해맑은 함박웃음'(시 「함박꽃」 첫 연에서) 웃는 조선시를 쓴다. 「홀로 선

나무·1, ·2, ·3」 연작시도 쓰면서……. 고향 식물성 취향을 보인다. '눈맞아 도망친 년/ 잊을 만하면/ 곱게 화장하고 다시 돌아와/ 수줍은 첫 만남인 양 웃음 짓는다'(시 「앞산」 1연)는 삶살이 현장성을 살려가면서……. '속내 보이도록 벌어지게 웃는다'(끝3연 끝4행)는 해학·풍자와,

> 만나지 못해 죽은 이가
> 꽃이 되었나
> 죽지 못해 살다가 죽어
> 꽃이 되었나
>
> 꽃으로 떠났는데도
> 찾아오는 기다림은 또
> 어찌하나
> 상사화여 상사화여
>
>   - 시 「상사화」 全文

……이라는 안타까움의 꽃시도 매스컴 시인 누구 못지않게 서정적으로 꽃피워 보여주고 있다.

제6부 '자반고등어'에는 '둘이 하나 되고 싶다'(시 「자반고등어」 첫 행)/ ……'두 손을 한 손으로 모으고 싶다'(동 3행)/ ……'둘이 한 손 되어 돌아가고 싶다'(동 끝13행)는 염원이 고스란히 갈피에 담겨있다. 시 「자반고등어」와 함께 「삶」('누가 내게 그립다가/ 무슨 재미로 사냐고/ 그냥 웃기도 뭐해서/ 무슨 재미로 사냐고' - 全文)도 심심치 않게 진지하면서도 은근히 읽는 이를 웃겨 주고 있다. 「아이스크림(초코민트)」도 은근슬쩍 뒤에서 뒷머리 긁적이며 빙그레 웃게 하는 시다. 「계영배」

의 '차지 않으면 마시지 않는다'(첫 연 끝2행)는 선비정신에, '넘침은 부족함만 같지 못함을/ 눈으로 보기 전엔 모르느니'(2연)란 실학정신은, 그저 우러난 지조와 통찰만은 아니다. '물에 돌 하나 던져 귀 기울인다'(첫 행)는 시「그 물에 돌을 던지며」를 보더라도 영남 북부 실학풍의 관조적 통찰력을 동반하고 있어 그 '깊이를 가늠하듯'(동 2행에서) 높이 살만하다. 조용하면서도 '깊고 낮은 범종의 울림을 듣는'(동 3행에서) 듯 '뛰는 가슴 박동'(동 4행에서)을 새겨볼 만도 하다. '귀 닫아도 들린다'(동 끝 행에서) 할 만하지 않는가.

> 쪼그려 앉아 꽃을 본다
> 행여 부끄럽지 않게
> 눈 감은 듯 여린 시선으로
> 귀 높이를 맞추며 말하듯
> 해맑게 웃어주는 일
>
> 고개를 숙인 듯, 든 듯
> 무슨 말인가 할 듯, 말 듯
> 눈높이를 맞추며
> 말갛게 마냥 웃어주는 일
> 꽃이 보는 방법이구나
>   - 시「보는 방법」全文

이는 여성적인 조용한 시다. 여성스런 서정시다. 퍽 안정된 요즘 시들처럼 버릇없이 시끄럽고 요란찬란한 그런 시하고는 거리가 먼 양반스런 품격을 갖춘 시다. 거추장스럽지 않고 순하고 부드러운 시다. 이 시인의 시 거의가 그러한 특성을 가졌다. 그럴수록 순수한 시미학이 더욱 돋보이는 듯하다.

제7부 '인사'엔 시 「인사」, 「슬픔 안에도 기쁨이」, 「남녀」, 「시끄러운 건 언제나 가볍다」 네 편이 솟아올라 그 중 돋보인다. 「인사」 한 편만 올려볼까 한다.

> 인사로 인격을 가늠하던 때는 지났다
> 최소한의 양심이 허락하는 선까지 웃으면서
> 사랑과 존경 없이도 우리는 인사를 한다
> 결례가 아니라고 느껴질 만큼 고개를 숙이며
> 인사를 받을 기회를 주지 않고 시선을 돌릴 때도 있다
>
> 인사가 사랑을 의미하지는 않는다
> 직위와 권위의 자격으로
> 예의를 강조하는 사람들도 있기 때문에
> 인사를 근사하게 하더라도 싫은 사람과
> 그냥 지나쳐도 존경하는 사람이 있음을 마음은 안다
>
>   - 시 「인사」 全文

현대 사회는 삭막하다. 삭막한 사막벌판 사회를 살아가는 황량한 오늘날 현대인의 삶살이를 선비 기질로 째려보며 풍자·해학한 시가 바로 이 「인사」이다. '사랑과 존경 없이도 우리는 인사를 한다'(첫 연 3행)고 현실을 꼬집어 비꼬아 쓴다. '인사를 받을 기회를 주지 않고 시선을 돌릴 때도 있다'(첫 연 끝5행)고 냉정하게 말한다. '그냥 지나쳐도 존경하는 사람이 있음을 마음은 안다'(끝2연 끝5행)고 양심껏 곧은 정신을 숨겨놓지 않은 채 벗겨 내세운다. 이만큼 현대 심리 사회를 까뒤집어 찌르고 있다. 사회 심리학적 눈금을 똑바로 재서 매기는 현실 풍자시이

다. 세태 심리를 꿰뚫고 쏘아 올리는 언어 해학 총알탄이다. 순수 참꽃서정으로 이만한 현실 사회 풍자시를 지성적으로 꿰어서 수놓기는 쉽지 않는 일이지만, 이 시인은 부드러운 말솜씨로 잘 바느질해 그려냈다.「슬픔 안에도 기쁨이」란 시 첫 행에선 '살덩이 하나 버리려 바다에 간다'고까지 '마지막 이별의 노래 부른다'(동 1연 4행). '허허한 바다, 죽음 뒤에도 삶이 있다'(동 끝2연 끝3행)고 하면서.……'시끄러운 건 언제나 가볍다'(맨 마지막 시 제목)고 한다.……'얕게 흐르는 개울에 돌을 던진다'(동 1연 첫 행). '……푸른 강물에 돌을 던져 가슴 울리는 종소리 듣는다'(동 1연 끝3행).……그렇다. '시끄러운 건 언제나 가볍다'(시 제목 및 3연 첫 행)고 하면서…….

4.

이 시집엔 향토성이 짙은 고향 향기가 배어 있는 시어를 매력 있게 잘 골라 쓴 시들이 많다. 풍속 풍물 정서가 풍부한 서정 언어들이 조화롭게 잘 어우러져 부드러운 집을 짓고 있다. 이렇듯 이복수의 정서는 곧 향토 풍속 정서라고 할 수 있다. 첨부터 서정시 베틀을 차려놓고, 열넉 새 이상의 부드럽고도 고운 무명베나 반짝이는 명주 깁을 여유롭게 짜고 있는 것이다.

여기에 영남 북부지방의 순 산골 선비 기질을 고스란히 이어받고 있다. 사물을 바라보는 눈이나 사회생활 양식을 관측하는 시각 역시 해학·풍자적이다. 여유 있는 상상의 풍모를 지니고 있다.

무엇보다 이번 시집을 통해 전통적인 해학미와 풍자 미학을 발견해 낸 것이 큰 수확이라고 할 수 있다. 향토 풍속 미학이나 사모곡 정서 정도는 이미 전에 낸 시집들을 통해 다 털어내

발각된 원형 화두들이지만, 참 선비정신과 전통적 멋스런 해학·풍자 수법의 발견은 이번 제3시집에서부터 출발된 새내기 화두가 아닌가.

앞으로 이 시인이 나아갈 길은 이 분야(해학·풍자미학)로 보인다. 과거의 시집들을 통해 이어받은 서정 원형 향토·모토(母土) 풍속 정서 그늘을 바탕으로 해서 그만 선비 기질(성리학 풍속)을 극복하고 나아가 한층 뜨거운 풍자·해학미를 길어 올려주는 일이 더욱 중요할 것 같다.

그곳으로 향한 통로도 길게 열려있고, 동서 남북 전망 또한 아주 밝아 보인다. 제3시집 『홀로 선 나무』 정도의 실력이면 힘을 모아 한번 이 방면으로 힘껏 달리며 밀어부쳐볼 만도 한 것 아닌가 싶다. 아무튼 이 시인의 선비 기질의 풍자·해학성까지 새삼스럽게 발견하게 되어 이참에 한입 더 보태게 된 것도 우연이 아닌 듯하다. '향토 풍속 정서에서 선비 기질의 해학·풍자까지'……이뤄낸 이복수의 제3시집 『홀로 선 나무』 살펴보기를 아쉽지만 여기서 끝낸다,

― 한기10949(8937+2012):한웅기5910:단기4345:동이공기2563:남방불기2556:서기
2012.10.27. 正子時. 霜降節. 果山房에서·我山.

이복수 제3시집
홀로 선 나무

지은이 · 이복수
펴낸이 · 이종기
펴낸곳 · 세종문화사
편집, 디자인 · 문학신문 출판국

주소 · (120-707)서울 서대문구 충정로2가 157
     사조빌딩 223호
     E-mail : eds@kbnews.net
등록 · 1974년 2월 10일 제9-38호
전화 · (02)363-3345
팩스 · (02)363-9990

제1판 1쇄 발행 · 2012년 11월 15일

ISBN 978-89-7424-045-5   03810

값 10,000원